Qu'est-ce que
COVID-19?

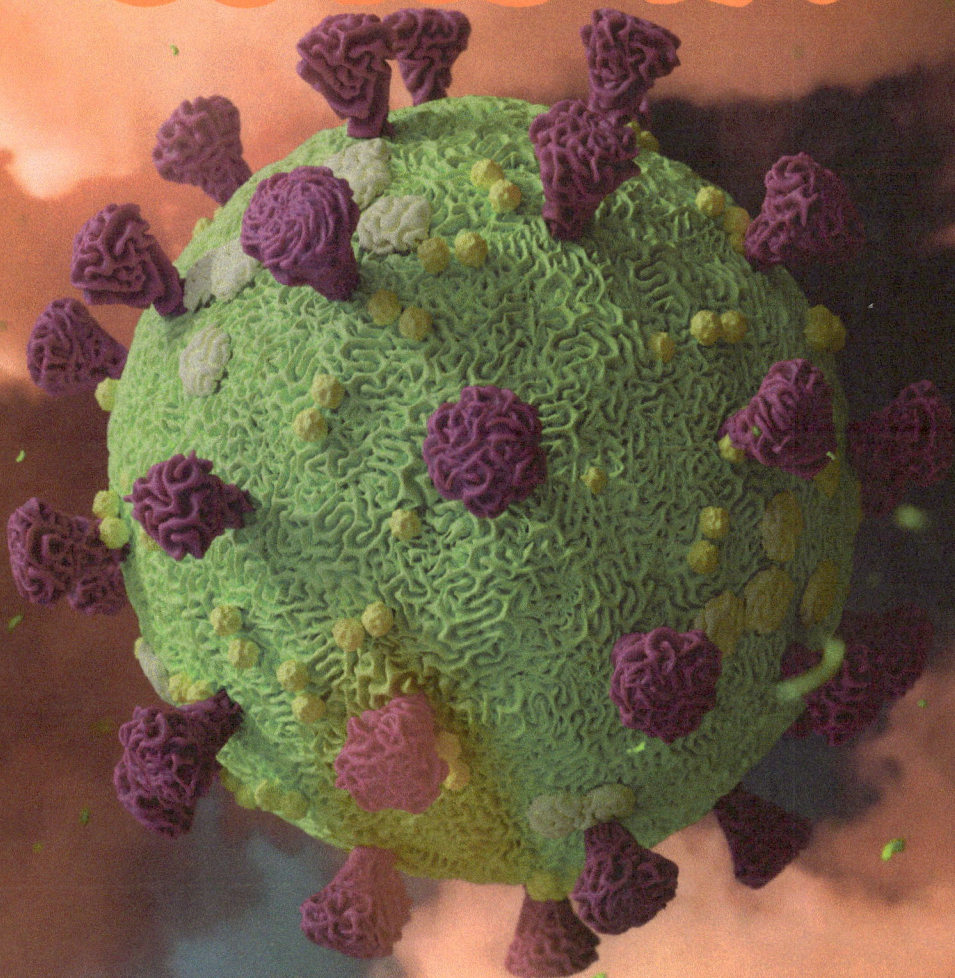

Alexis Roumanis

Explorer les autres livres à:
WWW.ENGAGEBOOKS.COM

VANCOUVER, C.-B.

e➜WWW.ENGAGEBOOKS.COM

Qu'est-ce que COVID-19? Niveau 2
Roumanis, Alexis 1982 –
Texte © 2020 Engage Books
Design © 2020 Engage Books

Édité par Jared Siemens & Vanessa Bruno
Traduction par Pauline CAO
Design de couverture par A.R. Roumanis

Texte poser en Arial Regular.
L'en-tête des chapitres sont poser
en Arial Bold.

PREMIÈRE EDITION / PRÈMIERE IMPRESSION

BIBLIOTHÈQUE ET ARCHIVES CANADA CATALOGAGE
AVANT PUBLICATION

Titre: Qu'est-ce que le COVID-19? Niveau de lecture 2 (cycle 2) / Alexis Roumanis.
Autres titres: What is COVID-19? Level 2 reader. Français

Noms: Roumanis, Alexis, author.
Description: Traduction de : What is COVID-19? Level 2 reader.

Identifiants: Canadiana (livre imprimé) 2020022879X |
Canadiana (livre numérique) 20200228811
ISBN 978-1-77437-297-5 (couverture rigide). –
ISBN 978-1-77437-298-2 (couverture souple). –
ISBN 978-1-77437-299-9 (pdf). –
ISBN 978-1-77437-300-2 (epub). –
ISBN 978-1-77437-301-9 (kindle)

Vedettes-matière:
RVM: COVID-19—Ouvrages pour la jeunesse.
RVM: COVID-19—Prévention—Ouvrages pour la jeunesse.
RVM: Infections à coronavirus—Ouvrages pour la jeunesse.

Classification: LCC RA644.C68 R68214 2020 | CDD J614.5/92—DC23

Sommaire

Qu'est-ce qu'un virus?

Un virus est un tout petit microbe. Les microbes peuvent rendre les gens malades.

Les virus peuvent survivre à l'intérieur d'autres formes de vie. Les personnes, les animaux et les plantes sont d'autres formes de vie.

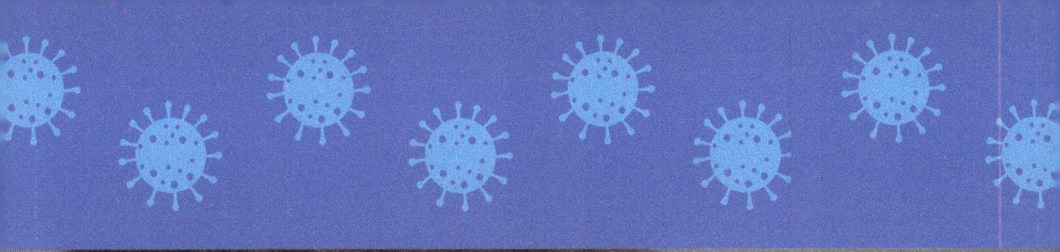

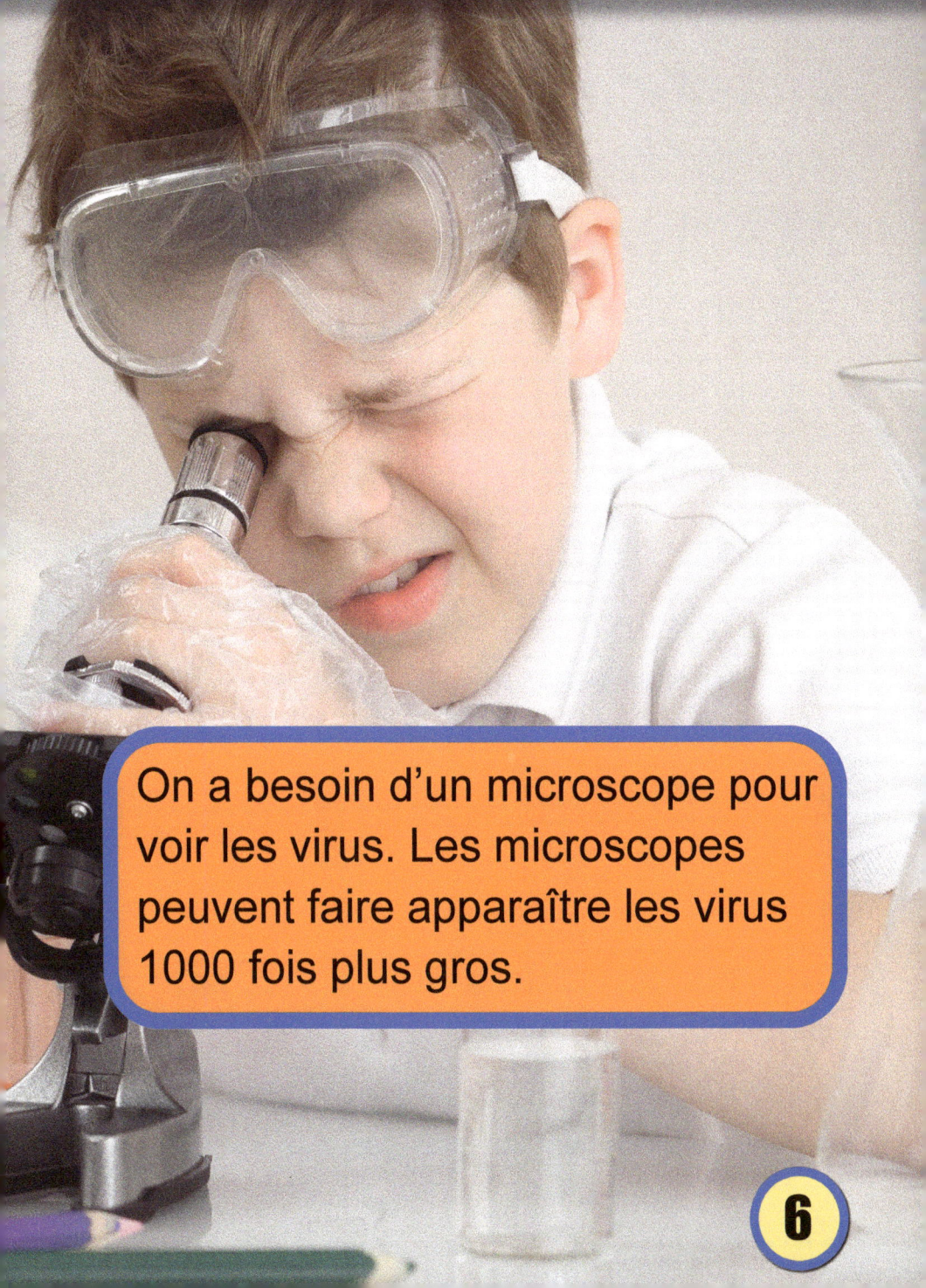

On a besoin d'un microscope pour voir les virus. Les microscopes peuvent faire apparaître les virus 1000 fois plus gros.

Qu'est-ce qu'un coronavirus?

Un coronavirus est un type de virus. Il peut vivre chez les mammifères et les oiseaux. Il existe des centaines de types de coronavirus. Seuls sept types peuvent vivre chez l'homme.

MERS est un type de coronavirus. Les scientifiques pensent qu'il était présent à l'origine chez les chauves-souris, puis a été transmis aux chameaux. En 2012, on a pensé que les chameaux ont transmis le virus aux humains.

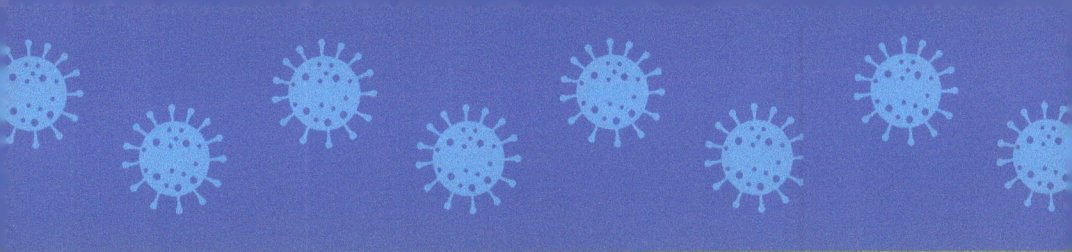

Les coronavirus sont communs.
Ils peuvent rendre les personnes
malades. Les coronavirus
peuvent faire couler
le nez, donner
mal à la gorge
et faire tousser.

8

Qu'est-ce que le COVID-19?

Le COVID-19 est une nouvelle sorte de coronavirus. Il peut se propager facilement entre les humains. Le COVID-19 se propage rapidement à travers le monde.

Les scientifiques pensent que le COVID-19 a commencé avec des chauves-souris. Les premiers humains contaminés étaient à Wuhan, en Chine.

9

Beaucoup de personnes réagissent différemment au COVID-19. Certaines personnes se sentent normales ou légèrement malades. D'autres personnes peuvent tousser ou avoir très chaud. Généralement, elles auront du mal à respirer.

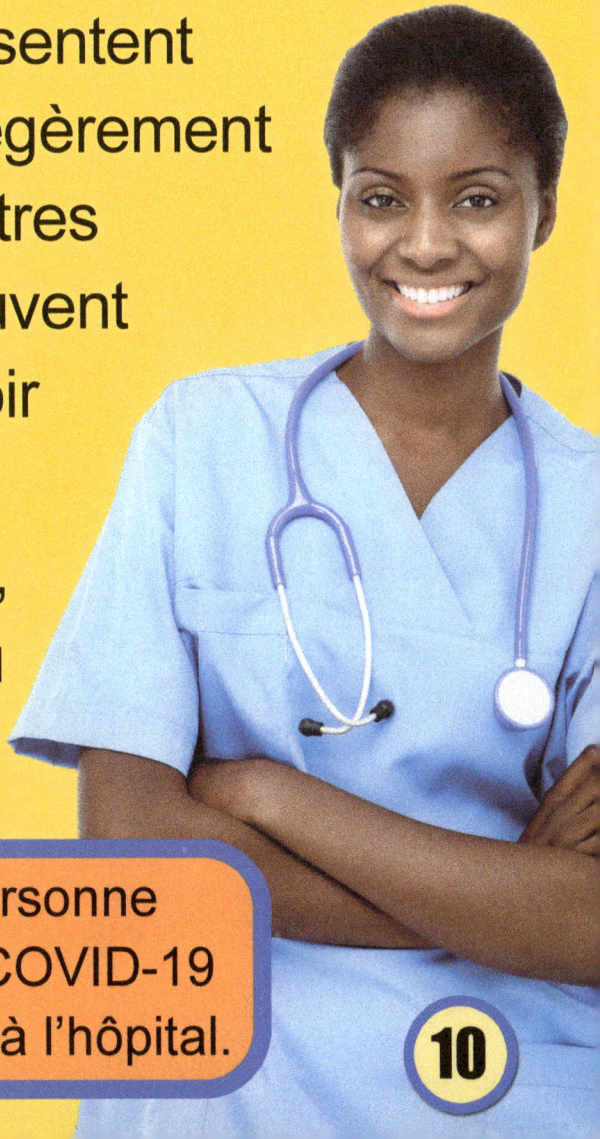

Seulement 1 personne sur 20 qui a le COVID-19 a besoin d'aller à l'hôpital.

10

Comment se propage le COVID-19?

Les personnes peuvent attraper le COVID-19 par de minuscules gouttelettes. Les gouttelettes se déposent sur les personnes lorsqu'une personne malade éternue ou tousse. Le COVID-19 peut aussi vivre sur les choses que les personnes touchent. Toucher ces choses peut rendre d'autres personnes malades.

Des masques peuvent aider à arrêter la propagation du COVID-19.

11

Le COVID-19 peut survivre jusqu'à trois heures dans l'air. Le virus peut survivre, pendant des durées variées, sur différentes surfaces.

 **Le carton**

1 jour

 **L'inox**

3 jours

 **Le plastique**

3 jours

Comment arrêter la propagation du COVID-19

Se laver les mains avec du savon et de l'eau.

Ne pas se toucher les yeux, le nez ou la bouche.

Éternuer ou tousser dans le coude.

13

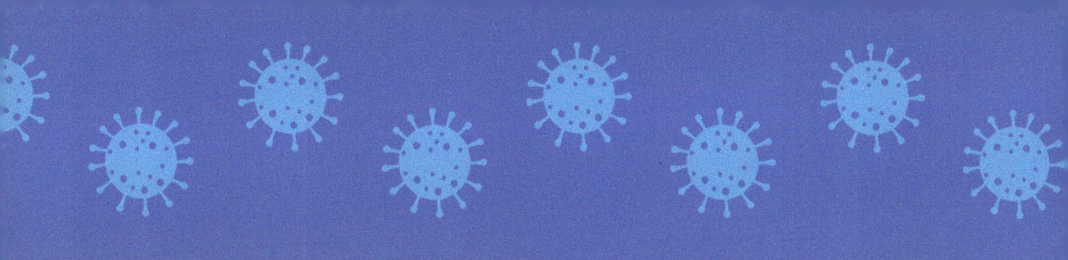

Laver les choses que les personnes touchent souvent.

Ne pas partager sa nourriture ou ses boissons.

Garder une distance de 6 pieds (2 mètres) les uns des autres.

14

Risques pour différentes personnes

Certaines personnes ont plus de risques d'attraper le COVID-19. Les adultes les plus âgés ont plus de difficultés à combattre les virus. Les personnes de plus de 60 ans ont le plus de risque de tomber malade.

15

Les personnes qui ont déjà une maladie, comme par exemple un cancer, ont aussi plus de risque d'attraper ce virus. Les personnes avec des maladies du coeur, du sang et des poumons ont de plus grands risques que les autres.

Les personnes en bonne santé aident les personnes à risque. Une manière d'aider, par exemple, peut être de livrer les courses.

Comment le COVID-19 touche-t-il les enfants?

Le COVID-19 a peu ou pas d'effet sur les jeunes enfants. Les enfants peuvent quand même porter le virus. Ils peuvent le transmettre à d'autres.

Dans certains endroits, le COVID-19 s'est transmis rapidement chez les adultes. Dans ces lieux, les enfants jouaient avec leurs amis. Se tenir éloigné de ses amis peut être un moyen de ralentir la propagation du COVID-19.

Les enfants attrapent souvent des virus. Ils attrapent entre 6 à 8 virus chaque année.

Qu'est-ce que la distance sociale?

La distance sociale est un moyen d'arrêter le COVID-19. La distance sociale, c'est rester à une distance de 6 pieds (2 mètres) les uns des autres. Cela est valable pour les personnes qui ne vivent pas ensemble.

Rester éloignés les uns des autres rend la propagation du COVID-19 difficile. C'est l'un des meilleurs moyens pour ralentir la propagation du virus.

Savoir à quelle distance se tenir les uns des autres peut être difficile. On peut se souvenir que 6 pieds (2 mètres), c'est à peu près la taille d'une voiture.

20

La distance sociale en action

Les enfants font l'école à la maison. Ils utilisent des vidéoconférences avec leurs professeurs.

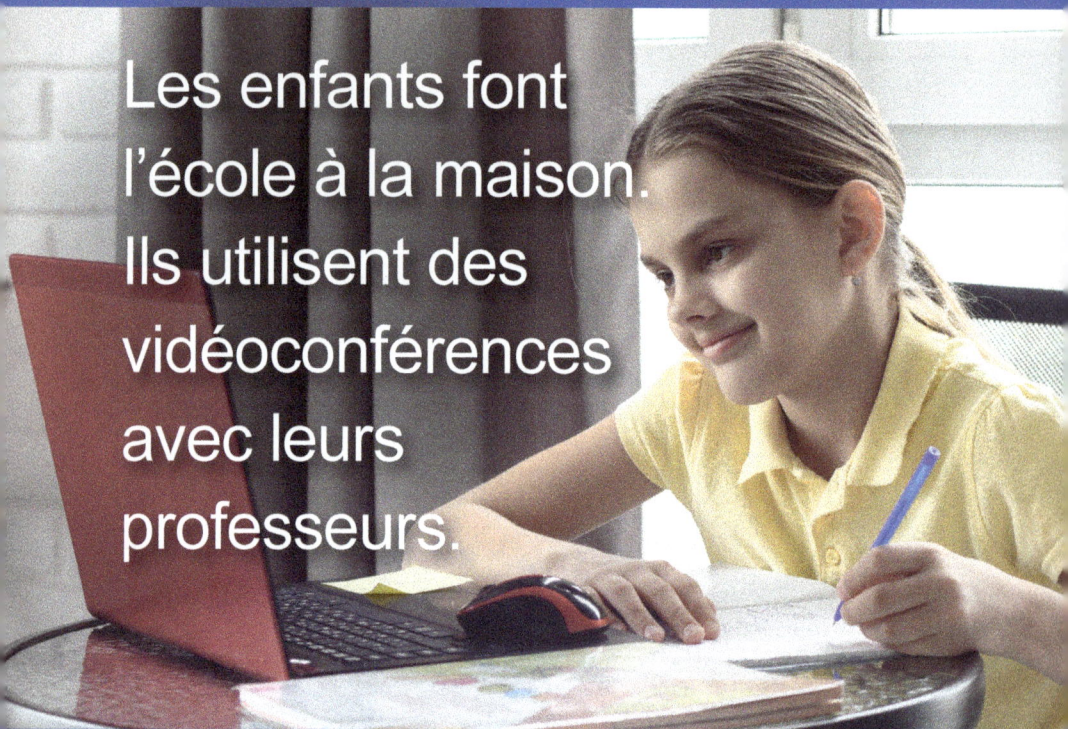

On ne peut pas faire de sport d'équipe. Beaucoup de personnes font du sport individuellement.

21

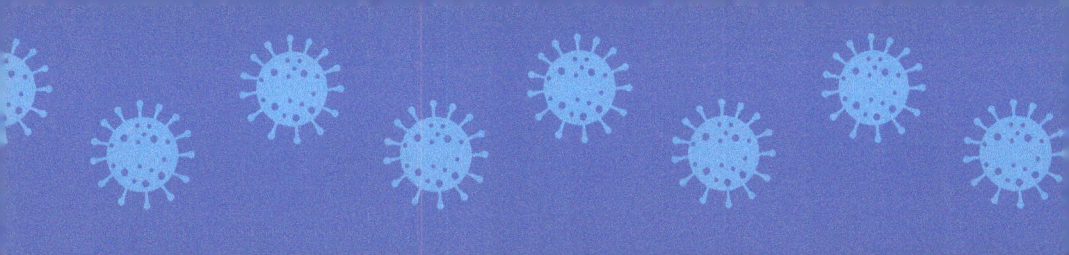

Les personnes ne peuvent pas manger à l'intérieur de la majorité des restaurants. Les restaurants proposent alors de faire une commande à emporter.

Beaucoup de parents ne peuvent pas aller au travail. Ils travaillent depuis la maison en utilisant un ordinateur.

Pourquoi la distance sociale est-elle importante?

La distance sociale évite que le COVID-19 se propage trop rapidement. Si trop de personnes sont malades en même temps, les hôpitaux pourraient se trouver en difficulté pour aider chacun.

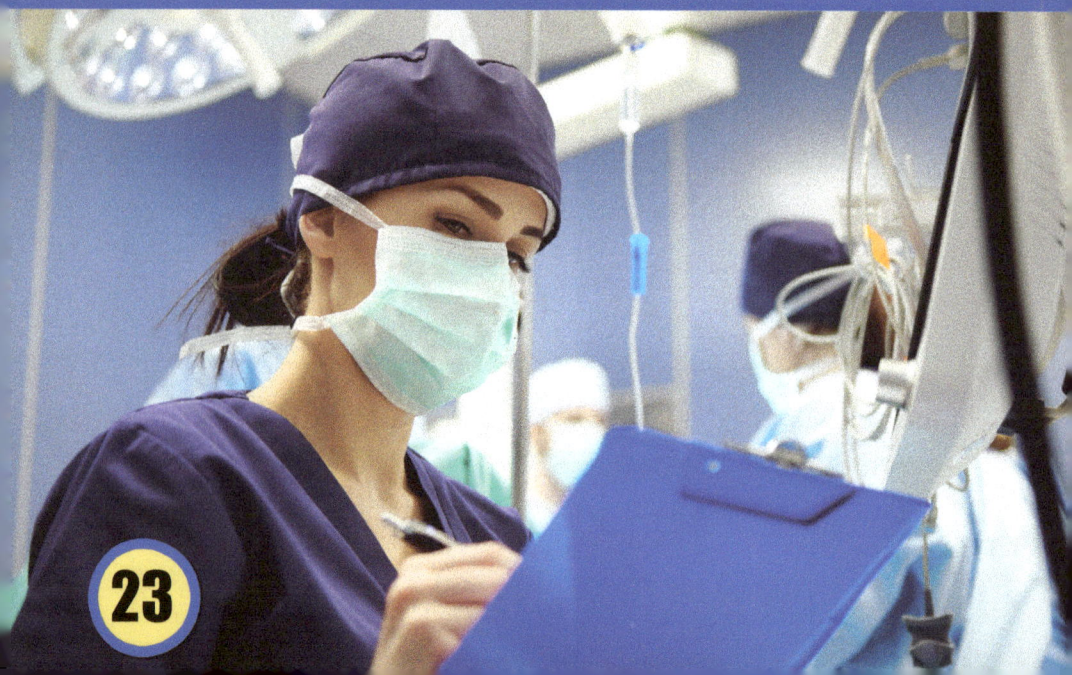

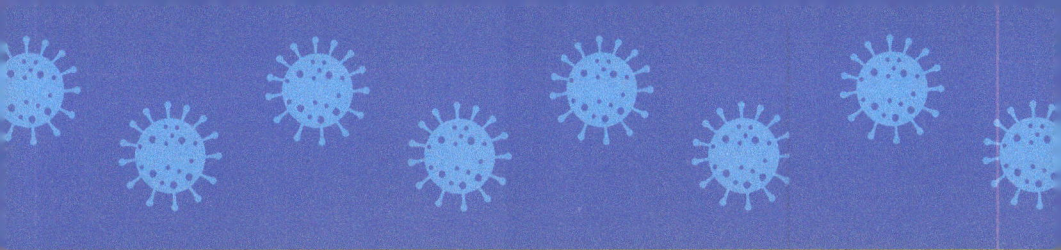

La distance sociale permet de s'assurer que les hôpitaux ont assez de masques respiratoires. Ils aident les personnes qui ne peuvent pas respirer seules.

24

Qu'est-ce qu'un vaccin?

Un vaccin est une sorte de médicament. Il peut aider à vaincre les virus. Les vaccins apprennent au corps à combattre les virus par lui-même.

Le COVID-19 peut revenir chaque saison de grippe. Un vaccin peut empêcher que cela arrive.

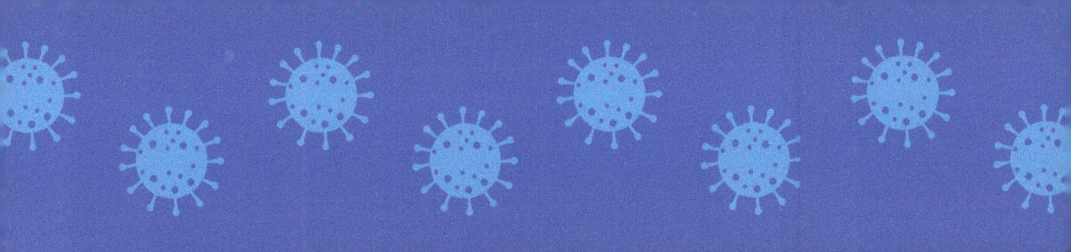

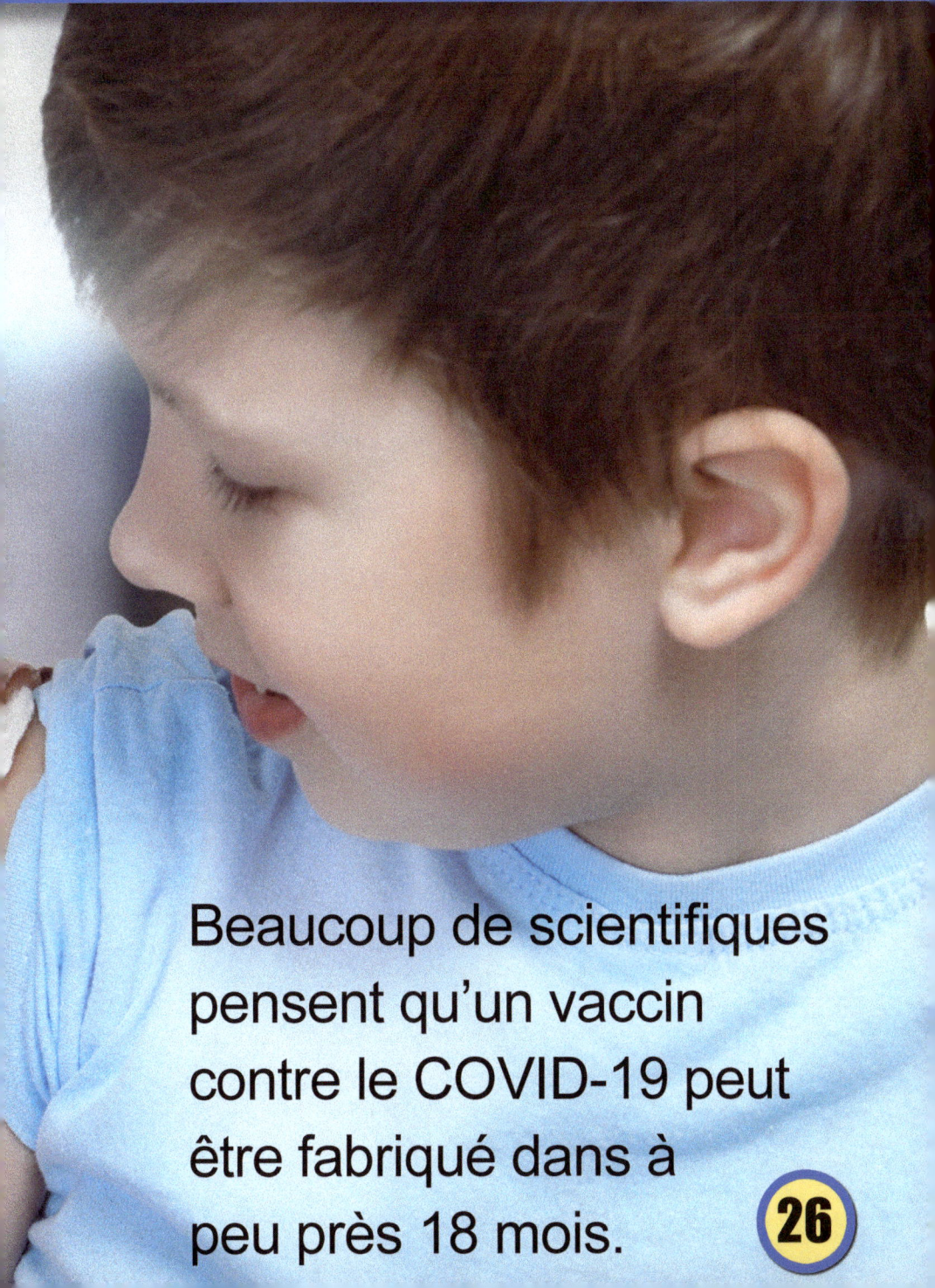

Beaucoup de scientifiques pensent qu'un vaccin contre le COVID-19 peut être fabriqué dans à peu près 18 mois.

26

Comment la technologie aide

Des masques respiratoires peuvent être créés avec des imprimantes 3D.

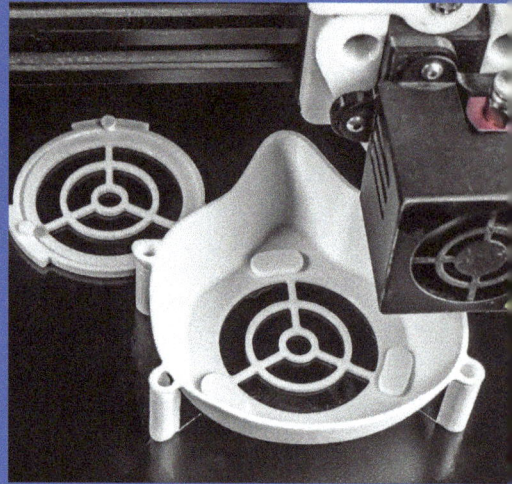

Des fabricants de voiture construisent des masques respiratoires à la place de voitures.

Des drones peuvent livrer des choses chez les gens.

27

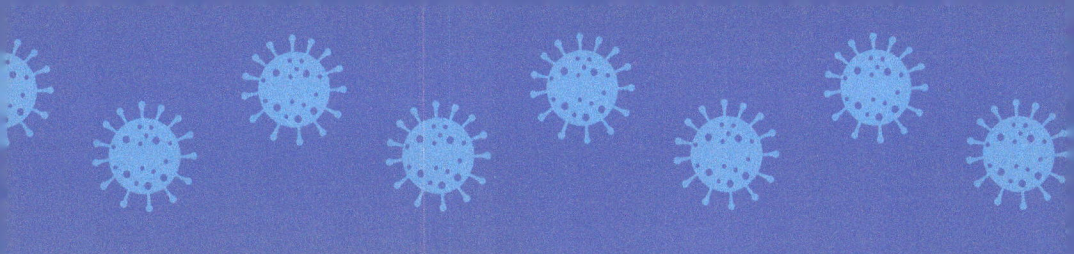

Des robots peuvent tuer le COVID-19 avec des rayons de lumière invisibles.

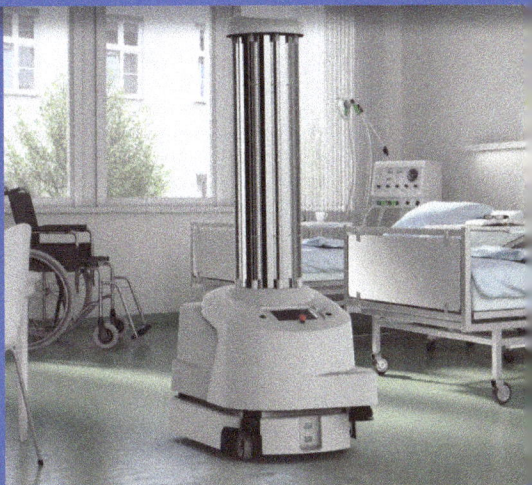

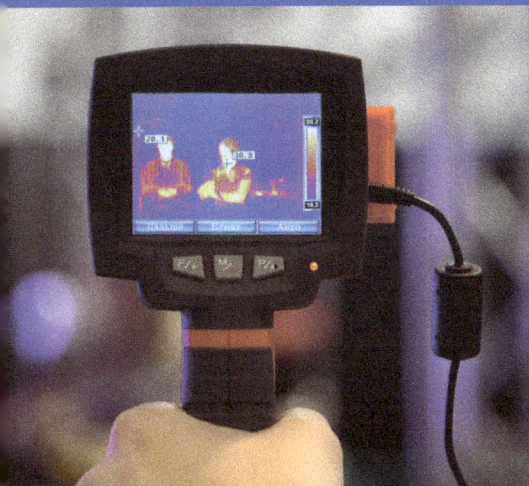

Des caméras spéciales peuvent vérifier si les personnes ont de la fièvre.

Des pompes à savon automatiques arrêtent la propagation des microbes dans les toilettes publiques.

28

Comment se laver les mains

Pour se protéger du COVID-19, tu dois te laver souvent les mains. Tu as peut-être touché quelque chose que d'autres ont touché. Cela pourrait être une poignée de porte, une balustrade ou un comptoir. Ne touche jamais tes yeux, ton nez ou ta bouche. C'est ainsi que COVID-19 entre dans le corps. Se laver les mains pendant au moins 20 secondes avec du savon peut tuer le COVID-19.

1. Utilise du savon.

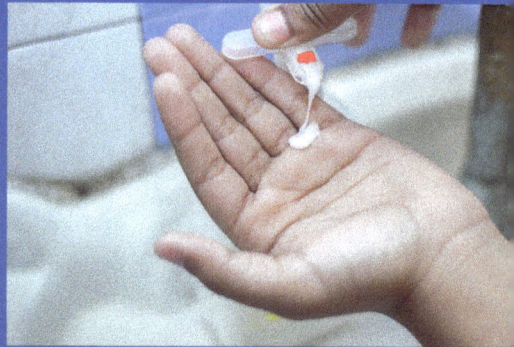

2. Lave chaque paume de tes mains.

3. Lave le dos de tes mains.

29

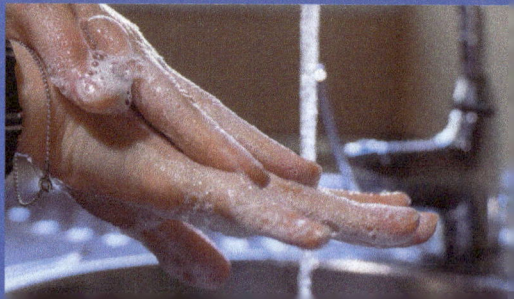

4. Lave entre chaque doigt.

5. Lave la base de chacun de tes pouces.

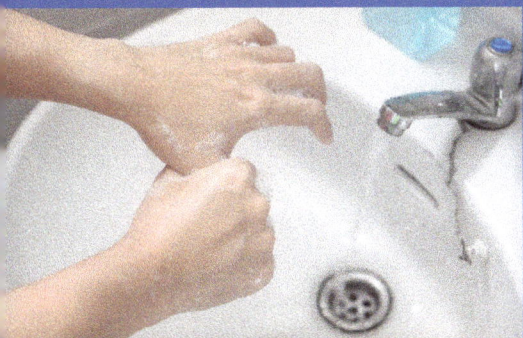

6. Lave tes ongles dans les paumes de tes mains.

7. Rince tes mains.

8. Sèche tes mains.

Quiz

Teste tes connaissances sur le COVID-19 en répondant aux questions suivantes. Les questions sont basées sur ce que tu viens de lire dans ce livre. Les réponses sont disponibles dans le bas de la page suivante.

1 Qu'utilise-t-on pour qu'un virus ait l'air plus gros?

2 Combien de types de coronavirus peuvent vivre chez l'homme?

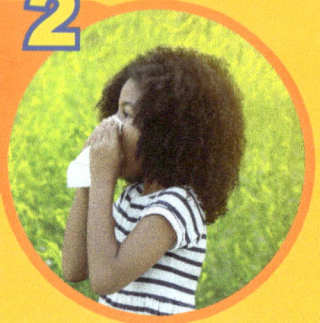

3 À quelle distance doivent se tenir les personnes les unes des autres?

4 Quel médicament est créé pour apprendre au corps à combattre un virus?

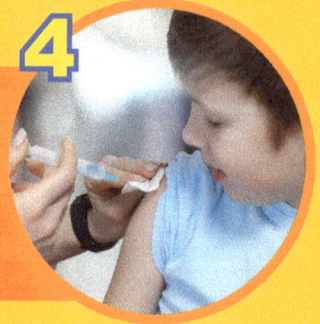

5 Qu'est-ce qui peut être créé avec une imprimante 3D?

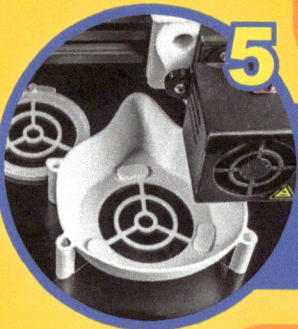

6 Pour combien de temps une personne doit se laver les mains avec du savon?

Explore les autres niveaux de la série sur le COVID-19.

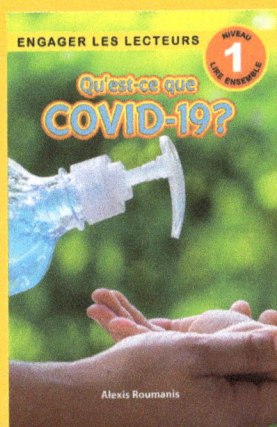

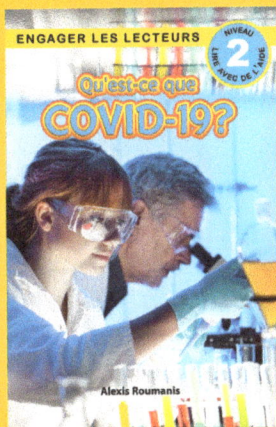

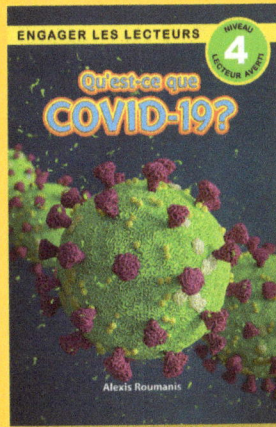

Visite www.engagebooks.com pour en connaître plus sur Engager les lecteurs.

À propos de l'auteur

Alexis Roumanis a été diplômé du programme de master en édition de l'Université Simon Fraser en 2009. Depuis, il a édité des centaines de livres pour enfants et écrit plus de 100 livres éducatifs. Son public comprend des enfants de la maternelle jusqu'en classe de 12ième année ainsi que des étudiants universitaires. Alexis vit avec sa femme et ses trois jeunes garçons en Colombie-Britannique, au Canada. Il aime le plein air, lire un bon livre et a une passion pour apprendre de nouvelles choses.

Réponses: 1. Un microscope 2. 7 3. 6 pieds (2 mètres) 4. Un vaccin 5. Des masques respiratoire 6. Au moins 20 secondes

www.ingramcontent.com/pod-product-compliance
Lightning Source LLC
Chambersburg PA
CBHW051239020426
42331CB00016B/3448